BEI GRIN MACHT SICH IHR WISSEN BEZAHLT

- Wir veröffentlichen Ihre Hausarbeit, Bachelor- und Masterarbeit

- Ihr eigenes eBook und Buch - weltweit in allen wichtigen Shops

- Verdienen Sie an jedem Verkauf

Jetzt bei www.GRIN.com hochladen und kostenlos publizieren

Bibliografische Information der Deutschen Nationalbibliothek:

Die Deutsche Bibliothek verzeichnet diese Publikation in der Deutschen National-
bibliografie; detaillierte bibliografische Daten sind im Internet über http://dnb.d-
nb.de/ abrufbar.

Impressum:

Copyright © 2008 GRIN Verlag, Open Publishing GmbH
Druck und Bindung: Books on Demand GmbH, Norderstedt Germany
ISBN: 9783640520695

Kristina Pfaff

Keynesianische Wirtschaftspolitik von 1966 bis 1973

GRIN Verlag

GRIN - Your knowledge has value

Der GRIN Verlag publiziert seit 1998 wissenschaftliche Arbeiten von Studenten, Hochschullehrern und anderen Akademikern als eBook und gedrucktes Buch. Die Verlagswebsite www.grin.com ist die ideale Plattform zur Veröffentlichung von Hausarbeiten, Abschlussarbeiten, wissenschaftlichen Aufsätzen, Dissertationen und Fachbüchern.

Inhaltsverzeichnis

1 Einleitung

„Ist John Maynard Keynes noch ein toter Hund oder schon wieder auf-
erstanden?" Diese Frage stellt sich Alexander Smoltczyk Ende De-
zember 2008 im Wochenmagazin „Der Spiegel". Um sie beantworten
zu können, ist es unerlässlich, sich damit auseinander zu setzen,
warum der Wirtschaftstheoretiker die Wirtschafts- und Fiskalpolitik
einer ganzen Dekade in Deutschland prägte, warum er in den 80er
Jahren als „toter Hund" unter den Theoretikern galt und nun aufers-
tanden sein soll.

Diese Ausarbeitung beschäftigt sich mit der Wirtschaftspolitik der
Bundesrepublik Deutschland in den Jahren zwischen 1966 bis 1973
sowie den aktuellen wirtschaftspolitischen Maßnahmen in Deutschland. Ziel ist es, die Fragen zu beantworten, inwieweit der
Keynesianismus die Wirtschaftspolitik bestimmte und ob die Maßnahmen des Staates erfolgreich waren. Anhand ausgewählter Literatur
wird zunächst der Konjunkturzyklus erklärt, um darauf aufbauend zu
beschreiben, was die keynesianische Wirtschaftspolitik ausmacht.
Unter der Überschrift „Deutsche Wirtschaftspolitik zwischen 1966 und
1973" werden die ergriffenen Maßnahmen genauer aufgeführt. Das
Kapitel „Grenzen der Konjunkturpolitik" soll darstellen, warum sich seit
den 80er Jahren ein Paradigmenwechsel vollzogen hat und die keynesianische Wirtschaftspolitik schließlich aufgegeben wurde. Ein kurzer
Diskurs in die aktuelle Diskussion über Staatseingriffe in die Ökonomie
legt Parallelen zur Vergangenheit dar. Das abschließende Fazit fasst
die Ergebnisse zusammen und beinhaltet eine eigene Wertung der
aktuellen Geschehnisse.

2 Nachfrageorientierte Konjunkturpolitik

2.1 Der Konjunkturverlauf

Der Konjunkturverlauf einer Volkswirtschaft stellt die Wachstumsraten in einer bestimmten Periode gemessen am BIP dar und lässt sich in vier Phasen untergliedern. Die Aufschwungphase zeichnet sich aus durch steigende Zuwachsraten. Die darauf folgende Boomphase markiert den oberen Wendepunkt des Konjunkturverlaufes, die Zuwachsraten steigen nur noch leicht an oder stagnieren völlig. In der Abschwungphase, auch Rezession genannt, sinkt die Wachstumsrate zunächst langsam, dann immer stärker, bis schließlich der untere Wendepunkt, die Depression mit nur sehr geringen Zuwachsraten oder mit negativem Wachstum erreicht ist.[1]

2.2 Keynesianische Wirtschaftspolitik und „deficit spending"

Unter keynesianischer Wirtschaftspolitik, auch Konjunkturpolitik genannt, versteht man das aktive Eingreifen des Staates in das Wirtschaftsgeschehen mit dem Ziel, konjunkturelle Schwankungen auszugleichen.

Demnach soll der Staat in Zeiten der Rezession seine Ausgaben erhöhen und durch Investitionen Binnennachfrage schaffen. Im umgekehrten Fall jedoch, wenn die Wirtschaft stark wächst, soll er seine Ausgaben wieder drosseln und eine Überhitzung der Wirtschaft vermeiden. Staatliche Maßnahmen sollten immer entgegen der wirtschaftlichen Lage, deshalb antizyklisch, eingesetzt werden.[2]

Für die Finanzierung der Ausgabensteigerung in der Rezession kann der Staat Kredite aufnehmen, die er dann jedoch in Zeiten guter konjunktureller Lage mit niedrigen Ausgaben und hohen Einnahmen wieder zurückzahlen muss. Solch eine fiskalpolitische Vorgehensweise wird als „deficit spending" bezeichnet.

---

[1] Vgl. Stratenschulte, Eckart D.: Wirtschaft in Deutschland, Bonn 2006, S.53.

[2] Vgl. Schmid, Josef; Buhr, Daniel; Roth, Christian; Steffen, Christian: Wirtschaftspolitik für Politologen, Paderborn 2006, S.89f.

Die Theorie der antizyklischen Wirtschaftspolitik geht zurück auf den Ökonomen John Maynard Keynes und wird deshalb auch oft als keynesianische Theorie bezeichnet.[3]

Anwendung fand sie in Deutschland vor allem in den 60er und 70er Jahren. Die Anfänge dieser Konjunkturpolitik werden im Folgenden dargestellt.

3 Deutsche Wirtschaftspolitik 1966 bis 1973

Mit Beginn der großen Koalition 1966 unter Bundeskanzler Kurt Georg Kiesinger und Bundeswirtschaftsminister Karl Schiller begann eine neue wirtschaftspolitische Richtung, die erstmals von den marktliberaleren Weichenstellungen Ludwig Erhardts abwich und ein aktives Eingreifen in das Wirtschaftsgeschehen zuließ. [4]

Grund für diesen Paradigmenwechsel war die, wenn auch nur sehr kleine Rezession, die das Vertrauen in ständiges Wachstum erschütterte und materielle Wohlstandsängste auslöste.[5]

Um die Konjunkturschwankungen auszugleichen, entschied sich die Regierung für eine aktive Konjunkturpolitik, dessen Grundstein 1967 mit „der Verabschiedung des ‚Gesetzes zur Förderung der Stabilität und des Wachstums der Wirtschaft'"[6] gelegt wurde. Inhalt dieses Gesetzes waren die Stabilität des Preisniveaus, Vollbeschäftigung, angemessenes Wirtschaftswachstum und außenwirtschaftliches Gleichgewicht.[7]

---

[3] Vgl. Schlösser, Hans-Jürgen: Staatliche Handlungsfelder in einer Marktwirtschaft, in: Informationen zur politischen Bildung, Heft 294 (2007), S.43.

[4] Vgl. Schmid, Josef; Buhr, Daniel; Roth, Christian; Steffen, Christian: Wirtschaftspolitik für Politologen, Paderborn 2006, S.199.

[5] Vgl. Ebd., S.197.

[6] Sontheimer, Kurt; Bleek, Wilhelm: Grundzüge des politischen Systems der Bundesrepublik Deutschland, 11. Aktualisierte Ausgabe, München 1999, S. 127.

[7] Vgl. Schmid, Josef; Buhr, Daniel; Roth, Christian; Steffen, Christian: Wirtschaftspolitik für Politologen, Paderborn 2006, S.170.

Für eine gezielte Lenkung der Wirtschaft war eine Koordination zwischen allen beteiligten Akteuren nötig, um eine einheitliche, antizyklische Vorgehensweise sicherzustellen. Aus diesem Grund wurde die „konzertierte Aktion" mit Vertretern von Staat, Arbeitgeber- und Arbeitnehmerverbänden einberufen. Zwar sollte die Tarifautonomie erhalten bleiben, jedoch versuchte die Bundesregierung, die Interessenvertreter zu einem einheitlichen Vorgehen zum Wohle aller zu bewegen.[8]

Außerdem erwirkte die Bundesregierung zusammen mit der Bundeszentralbank eine Senkung des Diskontzinssatzes, um Investitionen attraktiver zu machen.[9]

Unter Einbeziehung der Länder und Gemeinden wurden 1966 die staatlichen Ausgaben erhöht und Investitionen getätigt. Doch in der Aufschwungphase nach 1966 handelten die entsprechenden Körperschaften nicht antizyklisch, sondern prozyklisch, indem sie die Investitionen nicht einstellten und Leistungen nicht kürzten, sondern stattdessen weiter ausweiteten.[10]

Obwohl 1968 ein wirtschaftlicher Aufschwung einsetzte, baute die damalige Bundesregierung den Sozialschutz im Bereich der Lohnfortzahlung im Krankheitsfall und der Rentenversicherung weiter aus.[11] Besonders im Bereich des Steinkohleabbaus waren die Arbeitnehmer durch „die Verabschiedung eines großzügigen Gesamtsozialplans"[12] abgesichert.

All diese Instrumente und Maßnahmen haben die Binnennachfrage der Bundesrepublik zwar gestärkt und die leichte Rezession aus dem Jahre 1966 überwunden[13], jedoch erwies sich schon in der Rezession

---

[8] Vgl. Schildt, Axel: Rebellion und Reform. Die Bundesrepublik der Sechzigerjahre, Bonn 2005, S.107.

[9] Vgl. Ebd., S.106.

[10] Vgl. Abelshauser, Werner: Deutsche Wirtschaftsgeschichte seit 1945, Bonn 2004, S.411.

[11] Vgl. Schildt, Axel: Rebellion und Reform. Die Bundesrepublik der Sechzigerjahre, Bonn 2005, S.107.

[12] Ebd., S. 105f.

[13] Vgl. Schmid, Josef; Buhr, Daniel; Roth, Christian; Steffen, Christian: Wirtschaftspolitik für Politologen, Paderborn 2006, S.197.

1973 die Idee von der globalen Steuerung der Wirtschaft als nicht praktikabel und umsetzbar.

4 Grenzen der Konjunkturpolitik

Mit der Erdöl- und der darauf folgenden Wirtschaftskrise von 1973 stieß die keynesianische Konjunkturpolitik an ihre Grenzen. Es wurde deutlich, dass der Staat zwar die Binnennachfrage stabilisieren und stärken kann, nicht jedoch den Konsum des Auslandes und somit die Ausfuhrquote eines so exportstarken Landes wie Deutschland. Die weltwirtschaftliche Situation wurde bei Keynes' Theorie außer Acht gelassen. [14]

Außerdem gestaltet sich eine Koordination aller am Wirtschaftsprozess beteiligten Gruppen in der Praxis schwerer als in der Theorie.

So war es kaum möglich, den richtigen Zeitpunkt für ein Umlenken der Fiskalpolitik zu finden, da sich der Übergang von Rezession in Aufschwung und umgekehrt nie eindeutig bestimmen lässt. Jede Aktion ist somit bereits verspätet und wirkungslos, wenn eine Konjunkturwende deutlich wird. [15]

Eine weitere Schwierigkeit ist die disziplinierte Durchführung antizyklischer Maßnahmen. Die Politik steht unter großem gesellschaftlichen Druck und es fällt ihr schwer, im Wirtschaftsaufschwung Leistungen zu kürzen und Kaufkraft abzuschöpfen. [16]

Die Tatsache, dass Maßnahmen nicht konsequent antizyklisch getroffen wurden, führte zu einer steigenden Staatsquote, zu starker Neuverschuldung und somit auch zu einer hohen Inflation. Selbst im wirtschaftlichen Aufschwung 1968 bis 1972 wurden die neu aufgenommmen Schulden nicht zurückgezahlt.

---

[14] Vgl. Sontheimer, Kurt; Bleek, Wilhelm: Grundzüge des politischen Systems der Bundesrepublik Deutschland, 11. aktualisierte Ausgabe, München 1999, S. 128.

[15] Vgl. Abelshauser, Werner: Deutsche Wirtschaftsgeschichte seit 1945, Bonn 2004, S.419.

[16] Vgl. Stratenschulte, Eckart D.: Wirtschaft in Deutschland, Bonn 2006, S.60.

5 Aktuelle wirtschaftspolitische Lage

Seit Mitte des Jahres 2008 gerät der Finanzsektor immer tiefer in eine starke Krise, da nach und nach „faule Kredite"[17] und unseriöse Finanzmarktprodukte den Kreditverkehr behindern und private Investitionen blockieren. Aus der Finanzkrise wurde deshalb auch immer mehr eine globale Wirtschaftskrise.

Um diese abzumildern, versucht die Bundesregierung mit Konjunkturpaketen in Milliardenhöhe die Bürger zu entlasten und dadurch die Kaufkraft der privaten Haushalte zu erhöhen. Zudem sehen die Konjunkturpakete hohe Investitionen der Kommunen und Länder im Bereich der Aus- und Weiterbildung sowie Bürgschaften für Unternehmen und Banken vor, um den Geldverkehr sowie die Produktion nicht einbrechen zu lassen.[18] Selbst Enteignungen von Banken und Staatsbeteiligungen an Unternehmen werden in Bund und Ländern als Ausweg aus der Krise diskutiert.

International abgestimmte Maßnahmen zur Stärkung des Außenhandels sind jedoch bisher nicht vorgesehen.

Ähnlich wie in den 1960er und 1970er Jahren greift auch hier der Staat aktiv in die Ökonomie ein, um die Krise zu überwinden. Doch auch diesmal beschränken sich Maßnahmen auf den nationalen Binnenmarkt.

---

[17] Endres, Alexandra: Kapitalismus in der Krise. Die Finanzkrise der USA und ihre globalen Auswirkungen,
http://www.bpb.de/themen/9JORHI,0,0,Kapitalismus_in_der_Krise.html, 03.03.2009.

[18] Vgl. Bundesregierung: Konjunkturpaket II,
http://www.bundesregierung.de/nn_706424/Webs/Breg/konjunkturpaket/Content/StatischeSeiten/konjunkturpaket-2.html, 03.03.2009.

6 Schlussteil

Die Ausarbeitung zum Thema „Anfänge keynesianischer Wirtschaftspolitik zwischen 1966 und 1973" hat gezeigt, dass die Politik
aufgrund der ersten Rezession der Nachkriegsgeschichte vor großen
Herausforderungen stand und deshalb eine aktive Beeinflussung des
Wirtschaftswachstums anstrebte.

In der Tat war die Konjunkturpolitik zunächst sehr erfolgreich und löste
das Problem der Rezession kurzfristig. Es stellten sich jedoch langfris-
tig gesehen Schwachstellen und Mängel heraus, die in der Theorie
keine Erwähnung fanden. Das direkte Eingreifen des Staates in das
Wirtschaftgeschehen konnte zwar Binnennachfrage schaffen, aber für
eine Exportnation wie Deutschland reicht diese einseitige Betrach-
tungsweise nicht aus.

Eine gezielte und sehr genaue Koordination der Staatseingriffe in die
Wirtschaft ist in dem nötigen Umfang nicht möglich, die Disziplin und
Konsequenz seitens der Politik scheinen dem öffentlichen Druck nicht
standhalten zu können.

Die reine Konjunkturpolitik ist gescheitert, die Maßnahmen zeigten
zwar Wirkung, jedoch steht diese in keinem Verhältnis zu den dadurch
anfallenden Schulden und der Belastung der Bürger vergangener,
jetziger und zukünftiger Generationen.

Trotz der schlechten Erfahrungen scheint es, dass auch die aktuelle
Regierung in der Finanz- und Wirtschaftskrise auf Nachfragesteige-
rung setzt und deshalb Konjunkturpakete in Milliardenhöhe schnürt.
Dieses aktive Eingreifen in die Wirtschaft um die Konjunktur anzukur-
beln, sollte jedoch maßvoll und vor allem gut durchdacht geschehen.
Eine Subventionierung unrentabler Wirtschaftszweige geht lediglich
zulasten der Bevölkerung und ist in Zeiten des Globalhandels und der
Europäischen Integration nicht mehr nötig. Stattdessen ist es ange-
bracht, in fortschrittliche und wettbewerbsfähige Branchen zu investie-
ren und diese zu stärken, um den Standort Deutschland als Qualitäts-

prädikat zu erhalten und den Strukturwandel sozialverträglich und ge-
recht zu vollziehen.

Literaturverzeichnis

Abelshauser, Werner: Deutsche Wirtschaftsgeschichte seit 1945, Lizenzausgabe für die Bundeszentrale für politische Bildung, Bonn 2004.

Bundesregierung (2009): Konjunkturpaket II,
http://www.bundesregierung.de/nn_706424/Webs/Breg/konjunkturpaket/Content/StatischeSeiten/konjunkturpaket-2.html, 03.03.2009.

Endres, Alexandra: Kapitalismus in der Krise. Die Finanzkrise der USA und ihre globalen Auswirkungen,
http://www.bpb.de/themen/9JORHI,0,0,Kapitalismus_in_der_Krise.html, 03.03.2009.

Schildt, Axel: Rebellion und Reform. Die Bundesrepublik der Sechzigerjahre, Bonn 2005.

Schlösser, Hans-Jürgen: Staatliche Handlungsfelder in einer Marktwirtschaft, in: Informationen zur politischen Bildung, Heft 294 (2007).

Schmid, Josef; Buhr, Daniel; Roth, Christian; Steffen, Christian: Wirtschaftspolitik für Politologen, Paderborn 2006.

Sontheimer, Kurt; Bleek, Wilhelm: Grundzüge des politischen Systems der Bundesrepublik Deutschland, 11. aktualisierte Ausgabe, München 1999.

Stratenschulte, Eckart D.: Wirtschaft in Deutschland, Bonn 2006.

BEI GRIN MACHT SICH IHR WISSEN BEZAHLT

- Wir veröffentlichen Ihre Hausarbeit,
  Bachelor- und Masterarbeit

- Ihr eigenes eBook und Buch -
  weltweit in allen wichtigen Shops

- Verdienen Sie an jedem Verkauf

Jetzt bei www.GRIN.com hochladen
und kostenlos publizieren